Klinische Psychologie. Psychische Störungen, Entstehung und Aufrechterhaltung, Diagnostik

Anna-Maria Burchard

Bibliografische Information der Deutschen Nationalbibliothek:

Die Deutsche Nationalbibliothek verzeichnet diese Publikation in der Deutschen Nationalbibliografie; detaillierte bibliografische Daten sind im Internet über http://dnb.d-nb.de abrufbar.

ISBN: 9783346335616
Dieses Buch ist auch als E-Book erhältlich.

Einsendeaufgabe

Klinische Psychologie I

Sonderprüfung

SRH Fernhochschule – The Mobile University

Modul: Klinische Psychologie I
Studiengang: B. Sc. Psychologie

Von
Anna-Maria Burchard
Psychologie (B.Sc.)

Inhaltsverzeichnis

Abbildungsverzeichnis

Abkürzungsverzeichnis

Aufl.   Auflage

bspw.   beispielsweise

bzw.   beziehungsweise

d. h.   das heißt

DIAX   diagnostisches Expertensystem für psychische Störungen

DSM-V   Diagnostic and Statistical Manual of Mental Disorders

Ebd.   Ebenda

et. al.   et alii

f.   folgende Seite

ff.   folgende Seiten

ICD-10   International Statistical Classification of Diseases and Related
             Health Problems

S.   Seiten

SCAN   Schedule for Clinical Assessment in Neuropsychiatry

u. a.   unter anderem

usw.   und so weiter

Vgl.   Vergleiche

z. B.   zum Beispiel

Aufgabe 1

1. Grundlagen von psychischen Störungen

Psychische Störungen werden nicht als grundlagenwissenschaftliche feststehende Entitäten, sondern für die Praxis sinnvolle Konstrukte nach dem jeweiligem aktuellen Stand der Forschung, definiert. Dies beinhaltet, dass sich die Definitionen von psychischen Störungen ändern können.[1]

Hinsichtlich der Diagnose einer psychischen Störung sind vier Kriterien zu beachten. Als erstes Kriterium gilt psychisches Leid oder Leidensdruck auf Seiten der betroffenen Person, was zudem ihr soziales Umfeld betreffen kann. Ebenso sind eine potentielle Selbst- oder Fremdgefährdung sowie eine Ich-Syntonie oder Ich-Dystonie (wird die Problematik als selbstverständlicher Teil der Person oder als fremd erlebt) zu nennen. Die Ich-Syntonie gilt insbesondere als Merkmal von Persönlichkeitsstörungen, die es den Betroffenen erschwert, die Problematik der eigenen Persönlichkeit wahrzunehmen.[2]

1.2 Ursachen von psychischen Störungen

Da es keine umfassende und allgemein gültige Gesamttheorie psychischer Störungen gibt, wird in (neuro-)biologische, psychodynamische oder kognitiv-behaviorale Perspektiven unterschieden.[3]

Die (neuro-)biologische Perspektive geht davon aus, dass psychische Störungen als spezifizierbare Defekte und Fehlfunktionen des Gehirns und des Nervensystems entstehen. Dieser Ansicht steht die psychodynamische Perspektive gegenüber, welche die Ursachen psychischer Störungen primär in intrapsychischen und nicht biologischen Prozessen konzeptualisiert. Der kognitiv-behaviorale Ansatz definiert die Ursachen psychischer Störungen als das Ergebnis einer fehlerhaften Wahrnehmung der Situationswirklichkeit, fehlerhafter Schlussfolgerung oder unpassender Problemlösung.[4]

---

[1] Vgl. Wittchen/ Hoyer (2011), S. 7f.

[2] Vgl. Caspar/ Pjanic/ Westermann (2018), S. 7.

[3] Vgl. Wittchen/ Hoyer (2011), S, 11f.

[4] Ebd. (2011), S. 19.

1.3 Integrative Störungsmodelle

Um psychische Störungen in ihrer Komplexität angemessen verstehen zu können und vorschnelle Schlüsse in Bezug auf die Störungsursachen sowie erforderliche Interventionen zu vermeiden, dienen integrative Störungsmodelle wie das Vulnerabilitäts-Stress-Modell oder das bio-psycho-soziale Modell als adäquater Rahmen.

Das bio-psycho-soziale Modell dient als Grundlage eines ganzheitlichen Krankheitsverständnisses und ist aktuell das kompakteste Konzept zur Erklärung von Gesundheit und Krankheit. Gesundheit wird innerhalb dieses Modells anhand der Existenz autoregulativer Kompetenzen innerhalb des Systems der Person dargestellt und nicht als absolute Störungsfreiheit. Krankheit entsteht, wenn der Organismus diese autoregulativen Kompetenzen zur Bewältigung von Störungen nicht zur Verfügung stellen kann und dadurch wichtige Regelkreise für die Aufrechterhaltung und Funktionstüchtigkeit des Individuums überfordert sind bzw. ausfallen.[5]

Der Grundsatz dieses Modells ist die Theorie über eine hierarchische Grundordnung der Natur. Alle Bereiche dieser Hierarchie ergeben ein organisiertes, dynamisches System, das aus einer Verbindung verschiedener Ebenen besteht. Der Mensch ist ein eigenständiges System aus Physis und molarem Verhalten, trägt Subsysteme in sich (z. B. Organe, Gewebe) und ist selbst Subsystem eines größeren Systems (z. B. 2-Personen-Beziehung, Familie) innerhalb eines Netzwerks. Das Verhältnis dieser Systemelemente unterliegt einer sogenannten Kausalität. Geistige Phänomene sind somit emergent, da sie sich nicht als reduktionistische Beschreibung mittels der Kenntnis von partiellen Einzelteilen erklären lassen. Vielmehr ergibt sich aufgrund der vertikalen und horizontalen Vernetzung der unterschiedlichen Ebenen ein paralleler Ablauf eines Ereignisses, der durch eine Veränderung auf einer Ebene eine Veränderung auf anderer Ebene erwirkt.

---

[5] Vgl. Egger (2005), S. 3.

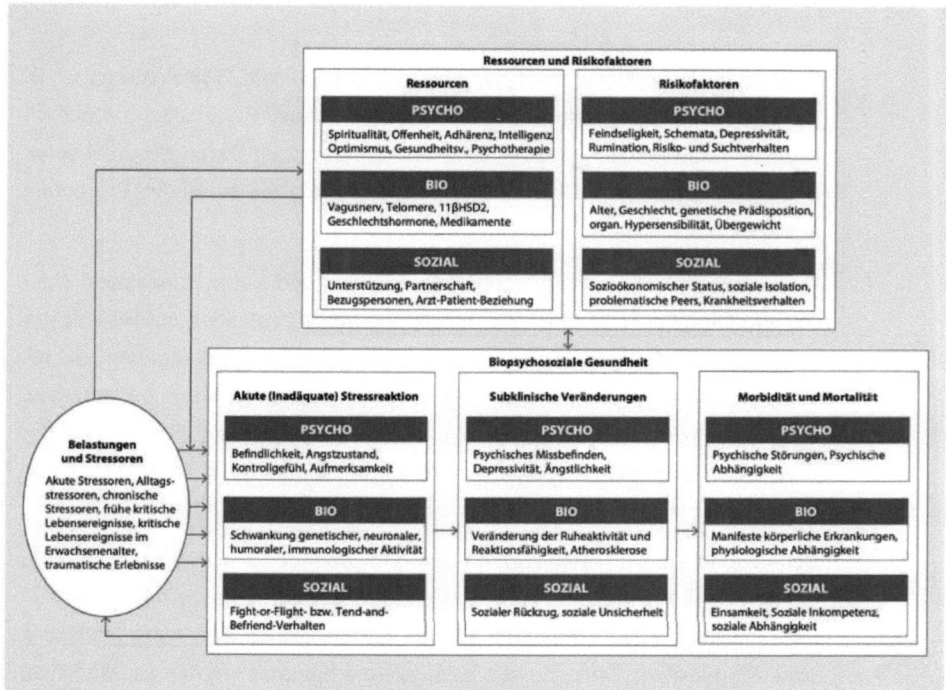

Abbildung 1: Bio-psycho-soziale Funktionsmodell von Gesundheit.[6]

1.4 Risiko- und Schutzfaktoren im Kontext psychischer Störungen

Zwei zentrale Begriffe der Entwicklungspathologie sind Risikofaktoren und Schutzfaktoren. Risikofaktoren werden in der klinischen Psychologie als potentiell, mittelbar oder unmittelbar auf die Gesundheit auswirkende Störung bezeichnet und als die erhöhte Wahrscheinlichkeit beschrieben, eine bestimmte Krankheit zu erwerben.[7] Diese werden in interne (z. B. genetische Anfälligkeit für Erkrankungen) und externe Risikofaktoren (Stressoren aus dem Umfeld eines Kindes) unterschieden und können spezifische Merkmale (z. B. Regulationsstörung im Säuglingsalter), besondere Erfahrungen (z. B. Drogenkonsum) oder einschneidende Ereignisse (z. B. Scheidung) darstellen.[8] Externe Risikofaktoren werden weiterhin unterschieden in distale Risikofaktoren, welche sich indirekt auf die Entwicklung eines Kindes auswirken

---

[6] Vgl. La Marca, (2016), S. 66.

[7] Vgl. Faller/ Reusch/ Vogel (2016), S. 343.

[8] Vgl. Petermann/ Maercker/ Lutz/ Stangier (2011), S. 123f.

(z. B. psychische Gesundheit der Eltern) und proximale Risikofaktoren (z. B. Auffälligkeiten in der Eltern-Kind-Interaktion). Ob ein Risikofaktor tatsächlich negative Auswirkungen auf die Entwicklung hat, hängt davon ab, in welcher Häufigkeit, Dauer und Kontinuität er auftritt und wie die subjektive Bewertung ausfällt.[9]

Risikofaktoren wirken nicht unabhängig von Alter und Entwicklungsstand einer Person. Dies bedeutet, dass die Bewertung eines Zustandes als Risikofaktor davon abhängt, welche zu bewältigenden Entwicklungsaufgaben aktuell bestehen. So stellt bspw. eine sehr enge und altersunangemessene Bindung zu den Eltern während der Jugendzeit einen Risikofaktor zur Entwicklung der Eigenständigkeit dar, während eine starke Bindung im Kindesalter als Schutzfaktor gilt.[10]

Schutzfaktoren und Ressourcen werden ebenso wie Risikofaktoren in kindbezogene (interne) und umgebungsbezogene (externe) Faktoren unterschieden. Interne Faktoren können beispielsweise eine hohe Intelligenz oder ein günstiges Temperament sein, externe Faktoren werden als Merkmale der Familie oder des sozialen Umfeldes definiert, die sich z. B. auf stabile emotionale Beziehungen beziehen.[11] Da Schutzfaktoren durch Risikofaktoren aktiviert werden und somit bereits vor der Entwicklung einer Störung bestehen, sind sie zur Abmilderung oder Aufhebung von Risikofaktoren fähig.

Einen weiteren Einfluss auf Risikofaktoren bietet die Resilienz. Diese Form von erworbener Widerstandsfähigkeit lässt Menschen trotz widriger Umstände Bewältigungskompetenzen entwickeln, um mit ihren Belastungen angemessen umgehen zu können.[12] Grundsätzlich kann daher gesagt werden, dass die Wahrscheinlichkeit, dass sich ein Kind gut und gesund entwickelt, proportional zu den vorhandenen protektiven Faktoren steigt.[13] Diese Faktoren werden auch als „Kette schützender Faktoren" bezeichnet, deren Glieder sich gegenseitig

---

[9] Vgl. Rolfe (2019), S. 106.

[10] Vgl. Petermann/ Maercker/ Lutz/ Stangier (2011), S. 125.

[11] Ebd., S. 126.

[12] Vgl. Rolfe (2019), S. 105-107.

[13] Vgl. Grulke (2013), S. 291.

verstärken und miteinander interagieren.[14] Fehlentwicklungen sind somit das Resultat eines relativ ungünstigen Verhältnisses von Risikofaktoren zu Schutzfaktoren.

$$\text{Inzidenz psychischer Störungen} = \frac{\text{Angeborene Vulnerabilität (genetische Disposition)} \times \text{äußere Stressoren (kritische Lebensereignisse)}}{\text{Psychische Kompetenz (interne Ressourcen)} + \text{Förderliche Umweltbedingungen (externe Ressourcen)}}$$

Abbildung 2: Zusammenhang Inzidenz mit Risiko- Schutzfaktoren nach Becker (1997).[15]

1.5 Empirische Studien zu Risiko- und Schutzfaktoren

Als bahnbrechende empirische Studie der Entwicklungspsychopathologie gilt die Isle-of-Wight-Studie des britischen Psychiaters Michael Rutter (1989), der zwischen 1964 und 1974 Kinder, die auf der Isle of Wight aufgewachsen waren, untersuchte. Zunächst wurden alle Eltern und Lehrer von Kindern im Alter von zehn bis zwölf Jahren, die dort die Schule besuchten, mittels Fragebögen zur psychischen Gesundheit der Kinder befragt. Daraufhin wurden jene Kinder einem halbstrukturierten Interview unterzogen, deren Risiko eine psychische Krankheit zu entwickeln als hoch eingeschätzt wurde. Vier bis fünf Jahre später wurden die Kinder erneut interviewt. Es konnte festgestellt werden, dass zum ersten Messzeitpunkt sechs bis sieben Prozent der Kinder die ICD-Kriterien einer psychischen Erkrankung erfüllten, dies jedoch zum zweiten Messzeitpunkt bereits auf 21 Prozent zutraf. Rutter fand heraus, dass die Wahrscheinlichkeit, eine psychische Störung zu entwicklen von der Anzahl der Risikofaktoren abhängt, denen das Kind ausgesetzt ist.[16]

Studien wie das Mannheimer-Kohortenprojekt (das beispielsweise die Erkenntnis hervorbrachte, dass nicht der Verlust eines Elternteils als solcher zu einer psychischen Störung führt, sondern das Fehlen eines Ersatzes), oder der Bielefelder Invulnerabilitätsstudie (die Schutzfaktoren hinsichtlich resilienter

---

[14] Vgl. Bengel/ Meinders-Lücking/ Rottmann (2009), S. 14.

[15] Vgl. Petermann/ Maercker/ Lutz/ Stangier (2011), S. 30.

[16] Ebd. (2011), S. 125.

Jugendlicher untersuchte), sowie die Kauai-Studie lieferten wichtige Erkenntnisse zur Entwicklung von psychischen Störungen. Letztere wurde von Emmy E. Werner und Ruth S. Smith (1982) als Längsschnittstudie zu Langzeitfolgen von Risikobedingungen entwickelt und beschäftigt sich mit sogenannten „Risikokindern", die es trotz schwieriger Bedingungen schafften, sich positiv zu entwickeln. Über einen Zeitraum von 40 Jahren (1955 bis 1995) wurden 698 im Jahr 1955 geborene Kinder begleitet, beobachtet und interviewt. Etwa ein Drittel der Kinder war einer hohen Risikobelastung wie chronischer Armut oder familiärer Disharmonie ausgesetzt. Zu verschiedenen festgelegten Messzeitpunkten wurde die Entwicklung der Kinder von ExpertInnen (KinderärztInnen, PsychologInnen etc.) untersucht. Die Ergebnisse zeigten, dass zwei Drittel der Kinder lern- oder verhaltensgestört waren oder sogar psychische Krankheiten entwickelt hatten. Ein Drittel jener Kinder, die mehreren Risikobelastungen ausgesetzt waren, hatte sich trotz widriger Bedingungen erfolgreich entwickelt und zeigte resilientes Verhalten. Dieser Erfolg wird den Schutzfaktoren zugeschrieben, darunter beispielsweise eine positive Eltern-Kind-Beziehung, Ehrgeiz oder ähnliche Determinanten.[17]

1.6 Fazit

Durch zahlreiche Studien konnte nachgewiesen werden, dass die Entstehung einer psychischen Störung nicht auf einem Faktor im Sinn einer *conditio sine qua non* zurückgeführt werden kann, sondern vielmehr ein Konstrukt mehrerer Risikofaktoren ist. Somit lässt sich für die Entstehung einer psychischen Störung zusammenfassen, dass in vielen Fällen multifaktorielle Ursachen zu Grunde liegen. Dies bedeutet einerseits, dass eine genetische Veranlagung nicht notwendigerweise eine Krankheit nach sich zieht, und unterstreicht andererseits die Bedeutsamkeit der Faktoren, die vor der Erkrankung einer psychischen Störung schützen.

---

[17] Vgl. Petermann/ Maercker/ Lutz/ Stangier (2011), S. 127f.

Aufgabe 2

2. Einflüsse auf Entstehung und Aufrechterhaltung psychischer Störungen

In der klinischen Psychologie wird die Aktivierung psychischer Störungen als Zusammenspiel von biologischen, psychischen und sozialen Faktoren beschrieben.

So wird beispielsweise im Diathese-Stress-Modell angenommen, dass zu relativ zeitstabilen Prädispositionen aktuelle Stressoren hinzukommen, die eine Vulnerabilität aktivieren und zu einer psychischen Störung führen. Dieses Modell gilt durch seine Zeitverlaufs- und dynamischen Aspekte als Ergänzung zum bio-psycho-sozialen-Modell und beschreibt den Grad der „Empfänglichkeit" zur Entwicklung einer bestimmten Störung.[18]

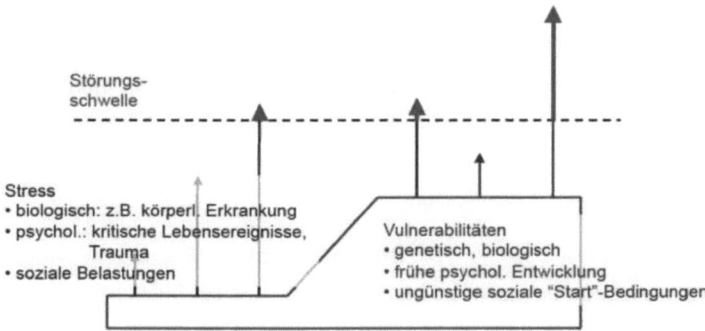

Störungs-
schwelle

Stress
• biologisch: z.B. körperl. Erkrankung
• psychol.: kritische Lebensereignisse,
  Trauma
• soziale Belastungen

Vulnerabilitäten
• genetisch, biologisch
• frühe psychol. Entwicklung
• ungünstige soziale "Start"-Bedingungen

Abbildung 3: Diathese-Stress-Modell.[19]

Die jeweilige „Schwellenüberschreitung" kann durch geringere Stressoreffekte bei höherer Vulnerabilität schneller sowie bei geringerer Vulnerabilität und vergleichsweise größeren Stressoren langsamer erreicht werden.[20]

Soziale Einflussfaktoren bedingen sich wechselseitig und lassen sich bezüglich der Entstehung psychischer Störungen in vier Faktoren-Gruppen unterteilen: soziodemographische Faktoren (z. B. Sozialschicht, Geschlechtsunterschiede); Einflüsse der sozialen Umgebung (z. B. Rollenstress, soziale Etikettierung);

---

[18] Vgl. Petermann/ Maercker/ Lutz/ Stangier (2011), S. 28.

[19] Ebd., S. 29.

[20] Ebd., S. 29f.

dysfunktionale Verarbeitung sozialer Informationen (z. B. Dysfunktionale Attributationsmuster); Dysfunktionale Kognitionen bzw. Kompetenzdefizite.[21] Als die wichtigsten psychischen Diathesen gelten langanhaltende Gefühle von Abhängigkeit und Hoffnungslosigkeit, high-expressed-emotions innerhalb der Familie, unerfüllbare soziokulturelle Normen, Missbrauchauserfahrungen oder andere traumatisierende Erlebnisse. Aktuelle Forschungsergebnisse konnten Verbindungen zwischen psychischen und biologischen Diathesen aufzeigen. So wiesen Forscher der Max-Planck-Gesellschaft nach, dass traumatische Erlebnisse im Kindesalter das Erbgut im Gehirn sowie die Regulation der Stresshormone lebenslang verändern und das Risiko von psychiatrischen Erkrankungen erhöhen. Durch eine Hyperaktivität der Hypothalamus-Hypophysen-Nebennieren-Achse veranlassen geringe Reize eine übergeordnete Ausschüttung von Stresshormonen, welche auf Dauer zu Depressionen oder anderen psychischen Erkrankungen führen kann.[22]

Psychobiologische Theorien implizieren, dass Stressreaktionen als Folge von extremem Stress eng verknüpft sind mit hormonellen und neurologischen Veränderungen die zu psychischen Störungen führen. Zudem können auch intrusive Erinnerungen physiologische Veränderungen und biochemische Ausschüttungen verursachen.

Im psychodynamischen Modell nach Sigmund Freud wird eine psychische Störung primär auf eine frühkindliche Konfliktsituation zurückgeführt, die nachfolgend verdrängt wurde. Unbewusste Konsequenzen dieses Konflikts und das Ausmaß der Verdrängung aktivieren demzufolge die psychische Erkrankung.

Neben aktivierenden Bedingungen wirken sich aufrechterhaltene Faktoren wie beispielsweise positive Rückkopplungsprozesse innerhalb der Störung, operante Faktoren, belastende Folgen der Störung oder auch Stigmatisierungsängste gegenüber einer psychotherapeutischen Behandlung auf eine psychischen Störung aus. So führt beispielsweise eine dysphorische Stimmung bei Depressiven zu einem Ausbleiben an positiven Ablenkungsmöglichkeiten und Gedanken, was sich wiederum negativ auf die

---

[21] Vgl. Pinquart (2011), S. 320f.

[22] Vgl. Meyer (2013), S. 138.

Stimmung auswirkt. Operante Faktoren wie beispielsweise positive Konsequenzen durch emphatische Unterstützung können Störungen verstärken. Dies führt wiederum langfristig zur Abwendung des sozialen Umfeldes, was mitunter depressive Symptomatiken verstärkt. Nicht zuletzt sinkt mit psychischen Erkrankungen oft die Leistungsfähigkeit. Belastende Folgeerscheinungen wie Arbeitslosigkeit und finanzielle Probleme können die Störung ebenfalls aufrechterhalten. Aufgrund der teils geringen Verfügbarkeit von psychotherapeutischen Angeboten oder einer Stigmatisierungsangst gegenüber psychotherapeutischer Behandlung ist die Dauer bis zum Beginn einer Behandlung oft mehrjährig.[23]

2.1 Soziale Unterstützung

Soziale Unterstützung bezeichnet eine Ressource, die durch qualitative Aspekte positiver sozialer Interaktion entsteht. Das konkrete Ziel sozialer Unterstützung besteht darin, einen Problemzustand, der beim Betroffenen Leid erzeugt, zu verändern oder diesen zumindest zu erleichtern.[24]

Diese Form des sozialen Rückhalts wird durch unterstützendes Handeln einer Bezugsperson (Unterstützungsquelle) der belasteten Person (Rezipienten) zuteil und kann verschiedene Aspekte enthalten: instrumentelle Unterstützung (z. B. materielle Hilfen), informative Unterstützung (z. B. Lösungsvorschläge) oder emotionale Unterstützung (z. B. aktives Zuhören). Weiterhin werden 5 Dimensionen bezüglich sozialer Unterstützung im Zusammenhang mit der Wahrnehmung des Rezipienten unterschieden: wahrgenommene Unterstützung (perceived available social support), welche die persönliche Einschätzung unterstützt zu werden widerspiegelt; erhaltene Unterstützung (actually recieved social support), die aufgrund vergangener, empfangener Unterstützungsleistungen beurteilt wird; das Bedürfnis nach sozialer Unterstützung (need for support); Suche nach sozialer Unterstützung (mobilization of support) und das protektive Abpuffern (protective buffering).

---

[23] Vgl. Berking (2012), S. 26.

[24] Vgl. Hermann (2020), S. 1668.

Empirische Analysen von Unterstützungseffekten beziehen sich auf eine Vielzahl von Indikatoren der psychischen Gesundheit. In korrelativen Untersuchungen, epidemiologischen Studien und Laborexperimenten sind neben Symptom- und Befindlichkeitsskalen auch direkte Bewertungen von Unterstützung, physiologische, endokrinologische und immunologische Parameter sowie epidemiologische Kennwerte der Erholungsfähigkeit untersucht worden. Hierbei wurde ein positiver Zusammenhang zwischen psychischem Wohlbefinden und wahrgenommener Unterstützung festgestellt. Eine deutliche Evidenz zeigt sich im positiven Zusammenhang zwischen seelischem Wohlbefinden sowie somatischer Gesundheit und wahrgenommener Unterstützung. Ist die Erwartung, in Belastungssituationen soziale Fürsorge zu erhalten hoch, ergeben sich günstigere Werte auf den Befindlichkeitsskalen und eine geringere Anfälligkeit für depressive Störungen.[25]

Als weitere wichtige Komponente dient soziale Unterstützung nicht nur als soziale Ressource, sondern trägt wesentlich zur persönlichen Identität bei.[26] Soziale Unterstützung und die Wahrnehmung der tatsächlichen Unterstützung können Bewältigungsversuche fördern und somit eine erfolgreiche Stress-Verarbeitung unterstützen, die sich positiv auf die psychische Gesundheit auswirkt.

Laut einer Studie von Saltzmann und Holahan (2002) konnte ein Zusammenhang zwischen sozialer Unterstützung und depressiven Symptomen festgestellt werden. Der kausale Zusammenhang wurde durch Selbstwirksamkeit und Coping-Strategien beeinflusst, die durch einen Anstieg der Selbstwirksamkeit durch soziale Unterstützung zu einer Verstärkung adaptiver Coping-Strategien führte und depressive Symptomatiken verringerte.[27]

Valide Prognosen hinsichtlich der Bewältigungsstrategien von Patienten können beispielsweise mittels der Berliner Social Support Skalen (BSSS, Schwarzer & Schulz, 2000) getroffen werden. Dabei zeigt sich vor allem die zeitverzögerte Wirkung sozialer Unterstützung bezüglich der Bewältigungsstrategien. Werden

---

[25] Vgl. Klauer (2009), S.82.

[26] Vgl. Kienle/ Knoll/ Renneberg (2006), S. 108.

[27] Vgl. Petermann/ Maercker/ Lutz/ Stangier (2011), S. 151.

die Betroffenen beispielsweise emotional unterstützt, indem das soziale Netzwerk Trost und Zuwendung spendet, haben die Betroffenen eine positivere Wahrnehmung ihrer Situation.[28]

Auch biologisch gesehen wirkt sich soziale Interaktion durch eine geförderte Ausschüttung von Neurotransmittern wie Oxytocin, Dopamin und Serotonin positiv aus und zeigt sich beispielsweise in der Stressregulation des Herz-Kreislauf- und Immunsystems.

Abschließend ist festzuhalten, dass das Ausbleiben sozialer Unterstützung laut einer Studie von Stade, Reagan & Randall (2004) das Risiko an einer psychischen Störung zu erkranken erhöht.[29]

2.3 Dysfunktionale Kognition

Attributationsmuster wirken sich auf das individuelle Empfinden und die psychische Stabilität aus. Hierbei werden die Ursachen für Erfolge oder Misserfolge der eigenen Person, den Umständen oder anderen Menschen zugeschrieben. Eine Längsschnittstudie von Klon und Laurenceau (2005) untersuchte, inwieweit ein negativer Attributationsstil die Wirkung von Stressoren auf depressive Symptome verstärkt. Hierzu wurden mittels eines Fragebogens 146 Studenten nach ihren Attributationsstilen befragt. Das Ergebnis zeigte, dass diejenigen, die sich selbst als Ursache für negative Resultate sahen, tendenziell mehr depressive Symptome zeigten. Generell können Attributationsmuster auch zur Klärung der Entstehung von Angststörungen und aggressivem Verhalten herangezogen werden.[30]

Wichtige Komponenten bezüglich einer dysfunktionalen Kognition sind ein niedriger Selbstwert und eine geringe Selbstwirksamkeitserwartung. Diese beeinflussen laut Studien von Robins und Meier (2009) sowie Maciejewski, Prigerson und Mazure (2000) den Anstieg depressiver Symptome.[31]

---

[28] Vgl. Schwarzer/ Schulz (2003), S. 25.

[29] Vgl. Pinquart (2011), S. 324.

[30] Ebd., S. 329f.

[31] Ebd., S. 330.

Ein Mangel an sozialer Kompetenz, der sich in negativer Wahrnehmung, Urteilsbildung und Interaktion zeigt, scheint laut Studien von Ingram & Price (2010) ein Vulnerabilitätsfaktor für soziale Phobien, Depressionen, Schizophrenie und Verhaltensstörungen zu sein. Auch eine geringe Fähigkeit zur Selbstöffnung sowie problematische soziale Emotionen wie beispielsweise Scham beeinflussen laut Lewis (1972) die psychische Stabilität negativ.[32]

2.4 Fazit

Bei psychischen Störungen tragen in der Regel eine Reihe von Faktoren, die biologischer, psychologischer oder soziales Natur sein können, zur Entstehung oder Aufrechterhaltung bei. Diese Faktoren führen jedoch nicht ausschließlich zur einer psychischen Störung. Unspezifische Belastungen wie Stress können ein Risikofaktor sein und werden im Diathese-Stress-Modell beschrieben. Weitere Paradigmen versuchen, die Störung mit ihren Theorien zu erklären. Hierzu gehören beispielsweise (neuro-)biologische, tiefenpsychologische, humanistisch-existentielle, behaviorale, kognitive, motivatonale und systemische Erklärungsansätze. Folglich ist nicht zu erwarten, dass es eine einzige Theorie gibt, welche die Entstehung und Aufrechterhaltung einer psychischen Störung vollständig beschreibt. Vielmehr lässt sich ein integratives, multifaktorielles und bio-psycho-soziales Diathese-Stress-Modell darstellen, das die Entwicklung psychischer Störungen allgemein abzeichnet und in der individuellen Analyse genutzt werden kann.

---

[32] Vgl. Pinquart (2011), S. 332.

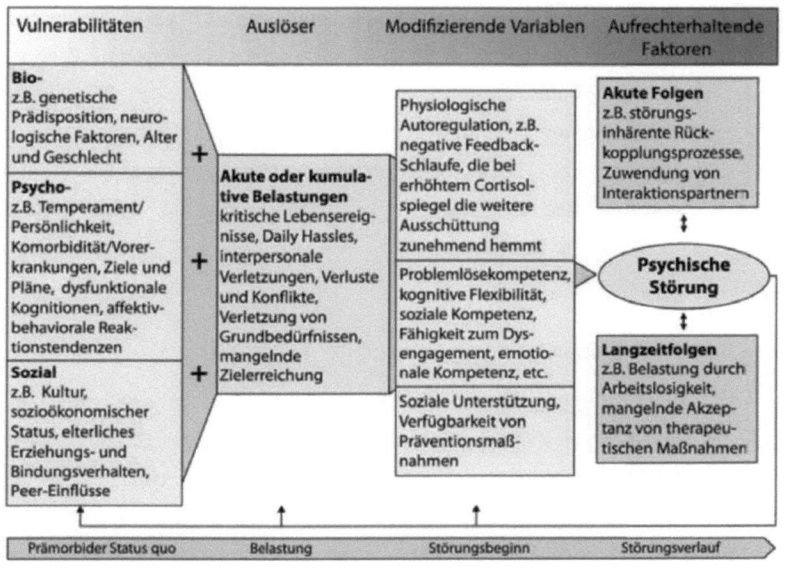

Vulnerabilitäten	Auslöser	Modifizierende Variablen	Aufrechterhaltende Faktoren

Bio-
z.B. genetische Prädisposition, neurologische Faktoren, Alter und Geschlecht

Psycho-
z.B. Temperament/ Persönlichkeit, Komorbidität/Vorerkrankungen, Ziele und Pläne, dysfunktionale Kognitionen, affektivbehaviorale Reaktionstendenzen

Sozial
z.B. Kultur, sozioökonomischer Status, elterliches Erziehungs- und Bindungsverhalten, Peer-Einflüsse

Akute oder kumulative Belastungen
kritische Lebensereignisse, Daily Hassles, interpersonale Verletzungen, Verluste und Konflikte, Verletzung von Grundbedürfnissen, mangelnde Zielerreichung

Physiologische Autoregulation, z.B. negative Feedback-Schlaufe, die bei erhöhtem Cortisolspiegel die weitere Ausschüttung zunehmend hemmt

Problemlösekompetenz, kognitive Flexibilität, soziale Kompetenz, Fähigkeit zum Dysengagement, emotionale Kompetenz, etc.

Soziale Unterstützung, Verfügbarkeit von Präventionsmaßnahmen

Akute Folgen
z.B. störungsinhärente Rückkopplungsprozesse, Zuwendung von Interaktionspartnern

Psychische Störung

Langzeitfolgen
z.B. Belastung durch Arbeitslosigkeit, mangelnde Akzeptanz von therapeutischen Maßnahmen

Prämorbider Status quo	Belastung	Störungsbeginn	Störungsverlauf

Abbildung 4: Integratives Entstehungs- und Aufrechterhaltungsmodell.[33]

Aufgabe 3

3. Psychologische Diagnostik

Die Psychologische Diagnostik ist eine methodische Disziplin, um praxisbezogene Entscheidungen zu fundieren und vorzubereiten. Sie ist gekennzeichnet durch die Sammlung, Bewertung und Aufbereitung von Informationen, um daraus Prognosen, Schlussfolgerungen oder kontrollierte Maßnahmen abzuleiten. Infolgedessen basieren professionelle diagnostische Entscheidungen auf einem komplexen Informationsverarbeitungsprozess, bei dem auf empirische Befunde zurückgegriffen wird. Im Verlauf des diagnostischen Prozesses werden dazu von bestimmten Merkmalsträgern (z. B. Einzelpersonen, Gruppen) diagnostisch relevante Charakteristika erhoben, die nach entsprechender Aufbereitung zu einer Diagnose führen. Hinsichtlich der Art der diagnostischen Zuordnung wird zwischen kategorialen und dimensionalen Modellen unterschieden. Die Zuordnung erfolgt qualitativ zu einer oder auch mehreren zuvor konzipierten Kategorien. Im dimensionalen Modell ist eine quantitative Zuordnung auf einer oder mehreren Größenskalen

---

[33] Vgl. Berking (2012), S. 21.

möglich. Somit kann die Diagnose mathematisch als n-dimensionaler Vektor aufgefasst werden.[34] Im Falle einer personenbezogenen Diagnostik sollen interindividuelle Differenzen oder intraindividuelle Charakteristika und Veränderungen erfasst werden, um zukünftiges Verhalten und Erleben zu prognostizieren. Ziel kann sowohl die Zuordnung als auch die Veränderung von Personen und Situationen sein oder auch die Behebung bestimmter unerwünschter Zustände.

3.1 Fallbeispiel Schizophrenie

Der 17-jährige Schüler R. ist das älteste Kind von drei Geschwistern. Anpassungsprobleme aufgrund von Frühgeburt, eine „Small for date"-Diagnose sowie motorische Ungeschicklichkeiten und eine verzögerte Sauberkeitsentwicklung wurden verzeichnet. Ebenso wurden Verhaltens- und Temperamentsauffälligkeiten sowie Durchschlafstörungen und schnelle Verstimmtheit angegeben. In Kindergarten und Schule war er eher zurückgezogen, jedoch sehr um Pflichterfüllung bemüht. An sozialen Klassenaktivitäten nahm er jedoch nicht teil. Eine engere Bindung an Geschwister oder Vater besteht nicht. Mütterlicherseits wurde er hinsichtlich Pflichten und Entwicklungsanforderungen stark entlastet. Zu Beginn des neuen Schuljahres klagt R. über körperliche Befindlichkeitsstörungen in Form von schwere des Kopfes und der Glieder, weswegen schulische Pflichten vernachlässigt werden. In den letzten neun Monaten verbrachte R. die Wochenenden im Bett, vernachlässigte die Hygiene oder gab sich wahllos digitalen Medien hin. Die tendenziell misslaunige Grundstimmung eskaliert in Gereiztheit, sobald er von seinen Eltern auf Pflichten hingewiesen wird. Er erscheint ängstlich, verwirrt und formuliert Gedanken wie beispielsweise, was vom ihm übrig bliebe, wenn eine Atombombe auf seine Heimatstadt fallen würde. Nachts fällt er durch langanhaltendes Lachen auf. Da Konsultationen bei ärztlichen Disziplinen und Beratungsstellen keine Veränderung brachten, wurde gegen R.´s Wille eine stationäre Aufnahme veranlasst.[35]

---

[34] Vgl. Brieger/ Marneros/ Jäger (2017), S. 1675ff.

[35] Vgl. Huppert/ Kienzle (2010), S. 165.

3.2 Diagnostischer Prozess bei Schizophrenie

Der vollständige diagnostische Prozess lässt sich nach dem Modell von Baumann und Stieglitz in unterschiedliche Phasen strukturieren. Im Erstkontakt geht es vorrangig um Informationsgewinnung sowie den Aufbau einer vertrauensvollen Beziehung.[36] In der Deskription wird die aktuelle Verfassung des Patienten in qualitativer und quantitativer Hinsicht erfasst sowie eine detaillierte Anamnese durchgeführt.[37] Hier zeigt R. eine erhöhte Anspannung, leichte Reizbarkeit und Schwierigkeiten in der Verbalisierung und Ordnung seiner Gedanken. Im Anschluss werden diverse Testverfahren zur indikationsorientierten Diagnostik genutzt. Diese bestehen aus klinischen Ratings sowie unterschiedlichen Interviewverfahren.[38] Grundsätzlich werden hierbei die drei Kategorien Symptom, Syndrom und Diagnose unterschieden. Mittels standardisierter Fragebögen kann nun die gesamte Symptomatik ermittelt werden. Anschließend wird in persönlichen Interviews detailliert auf die beschriebenen Symptome eingegangen. Ziel dieses Schrittes ist, aus den gewonnenen Informationen die nötigen Erkenntnissen für ein spezifisches Syndrom herauszuarbeiten. Grundlegend handelt es sich bei einem Interview um ein diagnostisches Verfahren, mit dessen Hilfe die Basis für eine vertrauensvolle Beziehung zwischen Patient und Therapeut gelegt wird. Bei den strukturierten Interviews sind die Fragen vorgegeben und müssen in einer festgelegten Reihenfolge gestellt werden. Zur Bewertung der erhobenen Informationen stehen Antwortkategorien zur Verfügung, die jedoch aufgrund klinischer Entscheidungen erfolgen. Dies stellt einen wichtigen Unterschied zu den standardisierten Interviews dar.[39] Für die Diagnostik schizophrener Störungen ist beispielsweise das strukturierte SCAN (Schedule for Clinical Assessment in Neuropsychiatry) besonders geeignet. Im Gegensatz zu anderen strukturierten Verfahren ist dieser Test nicht nur zur kategorialen, sondern auch zur dimensionalen Diagnostik einsetzbar. Der Interviewteil des

---

[36] Vgl. Pinquart (2011), S. 389.

[37] Vgl. Geue, Strauß & Brähler (2016), S.12.

[38] Vgl. Janssen & Sachs (2018), S. 76.

[39] Vgl. Maß/ Stieglitz (2017), S.85.

SCAN ist in zwei Teile gegliedert. Hierbei erfasst der zweite Teil 10 Sektionen relevanter Aspekte im Hinblick auf schizophrene Störungen (u. a. Halluzinationen, Wahnvorstellungen) sowie Phänomene, die stärker aus der Verhaltensbeobachtung während des Gesprächs zu beurteilen sind (z. B. Sprache, Motorik, Verhalten). Ein Beispiel für ein standardisiertes Interviewverfahren ist das modular aufgebaute diagnostische Expertensystem für psychische Störungen (DIAX). Zentrale Komponenten sind: ein Screeningverfahren zur Erfassung von Angst, Depression und allgemeinen psychischen Störungen und jeweils ein standardisiertes Interview zur Erfassung psychischer Störungen im Querschnitt wie im Längsschnitt (Lebenszeit). Die Sektion „Schizophrene und andere psychotische Störungen" erfragt die Kriterien einer schizophrenen Störung, ist jedoch aufgrund des Fokus auf die Aussagen des Patienten nur bedingt zur Erstellung einer Diagnose geeignet.[40] Im Vergleich zu anderen psychischen Störungen dominieren in diesem Bereich die Fremdbeurteilungsverfahren.

Neben der Symptomerhebung ist auch die Erfassung der individuell auslösenden und aufrechterhaltenden Bedingungen von Bedeutung. Daher ist die sorgfältige Exploration der Lebenssituation bezüglich des familiären und erweiterten sozialen Umfelds sowie die Arbeits- und Wohnsituation des Patienten vor und während der ersten Störungsepisode sowie besondere Lebensereignisse wie Trennungen oder Unfälle relevant. Zuzüglich sollte eine Verhaltensanalyse mit aufrechterhalten Denk- und Verhaltensweisen des Patienten in typischen Problemsituationen erstellt werden. Die Grundlagen dieser Informationen lassen ein Störungsmodell formulieren, aus dem eine hilfreiche Ableitung der Interventionen möglich ist.[41]

Zusätzlich zu psychometrischen Tests, die einen generellen Eindruck bezüglich der kognitiven Verfassung des Patienten aufzeigen, müssen sämtliche Risiko- und Schutzfaktoren erfasst werden. Ebenso sind etwaige Komorbiditäten zu beachten, da nicht immer eindeutig zwischen einer Grundstörung und einer sekundären Zusatzstörung unterschieden werden kann, und diese auch als Hinweis für mögliche Risikofaktoren dienen. Im vorliegenden Fall bestehen peri-

---

[40] Vgl. Maß/ Stieglitz (2017), S. 85.

[41] Vgl. Ziegler/ Lincoln (2012), S. 156.

18

und postnatale Risikofaktoren in Form diverser biologischer Belastungen (z. B. Frühgeburt).

Die daraus resultierende Diagnose setzt eine Einordnung in eine der Klassen der dominierenden Klassifikationssysteme voraus. Hierfür werden die Klassifikationen ICD-10 (International Statistical Classification of Diseases and Related Health Problems) sowie DSM–V (Diagnostic and Statistical Manual of Mental Disorders) verwendet, da dort exakte Kriterien definiert sind. In Bezug auf die Diagnose bei Schizophrenie ist hinzuzufügen, dass nach Cuesta und Peralta (2009) die Schizophrenie auch eine heterogene Störungsgruppe darstellt. So wird darauf verwiesen, dass es im DSM-V 69 mögliche Kombinationen des A-Kriteriums gibt und 483 klinische Subtypen, wenn man die 7 möglichen Outcomes berücksichtigt. Einer qualifizierten Diagnostik kommt daher eine große Bedeutung zu. Dies betrifft sowohl die Symptom- als auch Syndrom- und Diagnoseebene.[42]

	Schizophrenie
Diagnostische Kriterien nach ICD-10:	Mindestens eines der Kriterien 1–4 oder zwei der Kriterien 5–8 müssen bei der Diagnose Schizophrenie über mindestens einen Monat hinweg vorhanden sein: (1) Wahnphänomene bezüglich der eigenen Gedanken (z. B. Gedankenausbreitung) (2) Kontroll- und Beeinflussungswahn, Gefühl des Gemachten (3) Kommentierende oder dialogische Stimmen (4) Anhaltender kulturell unangemessener Wahn (5) Anhaltende Halluzinationen (jeder Sinnesmodalität) (6) Zerfahrenheit des Denkens (7) Katatone Symptome (8) Negativsymptomatik
Subtypen nach ICD-10 Subtypen nach DSM-IV-TR	paranoid F20.0; hebephren F20.1; kataton F20.2 paranoider Typus 295.30; desorganisierter Typus 295.10; katatoner Typus 295.20

Abbildung 5: Diagnosekriterien der Schizophrenie.[43]

Im Beispiel von R. wird eine psychosoziale Akzentuierung mit Kontaktarmut sowie eine sukzessive kognitive Überforderung mit Ansteigen des schulischen Leistungsniveaus, affektive Labilität, Wahnstimmung und fluktuierende

---

[42] Vgl. Maß/ Stieglitz (2017), S. 83.

[43] Vgl. Ziegler/ Lincoln (2012), S. 155.

paranoide Erlebnisformen festgestellt.[44] Folglich kann die Diagnose „beginnende schizophrene Psychose" (ICD-10: F20) gestellt werden. Eine daraufhin folgende Prognose dient zur Erfassung des Verlaufs der psychischen Störung und den Erfolgsaussichten einer therapeutischen Intervention. Zusätzlich dient eine Abklärung hinsichtlich neurologischer Befunde zum Ausschluss etwaiger ätiologierelevanter Pathologika.

Nach Abschluss des diagnostischen Prozesse wird bezüglich des beschriebenen Beispiels ein stationärer Abschnitt unter nachfolgenden Aspekten geplant. Zunächst wird eine Aufenthalts- und Behandlungsakzeptanz mit dem Patienten erarbeitet, dem eine Prüfung der Beschulungsfähigkeit folgt. Daraufhin wird mittels erweiterter Eignungsdiagnostik wie kognitiven Trainings eine störungs- und altersangemessene Alltagsbelastung festgelegt und die Tagesstruktur durch Schule und ergotherapeutische Gruppentherapie gewährleistet. Zusätzlich werden die kriteriengeleitete Verdachtsdiagnose mittels intensiver Nachexploration überprüft, eine Indikationsstellung für eine Pharmakotherapie abgeklärt sowie der weitere Aufbau eines therapeutischen Kontakts angestrebt.[45]

Um den gesamten Therapieverlauf überprüfen zu können, werden innerhalb der nachfolgenden Behandlungen die Planung und Durchführung sämtlicher Verfahren und deren Resultate dokumentiert. Da aus longitudinalen Studien bekannt ist, dass die syndromale Stabilität bei Langzeitbeobachtungen über mehrere Jahre oft überraschend gering ist, erschließt sich die zentrale Bedeutung einer Verlaufsbeobachtung. Auf eine vermeintlich schizophrene Symptomatik kann Jahre später ein depressives oder manisches Syndrom folgen, was den individuellen Aspekten der jeweiligen Biografie und Krankheitsgeschichte zugeschrieben wird.

3.3 Fazit

Der Erfolg des diagnostischen Prozesses erfordert aufgrund der wechselseitigen Hypothesengenerierung und Hypothesenprüfung einen

---

[44] Vgl. Huppert/ Kienzle (2010), S. 167.

[45] Ebd., S. 168.

überaus zeitintensiven, qualifizierten und sorgfältigen Schlussfolgerungsprozess. Darüber hinaus ist eine vertrauensvolle und tragfähige Therapiebeziehung gerade bei Patienten mit der Diagnose „Schizophrenie" aufgrund der oft fehlenden Krankheitseinsicht von großer Bedeutsamkeit und dient als Grundlage für eine erfolgreiche Therapie. Abschließend ist hinzuzufügen, dass auch diagnostische Konventionen aufgrund von Veränderungen in diagnostischen Systemen äusseren Faktoren und zeitlichen Veränderungen unterliegen.

Literaturverzeichnis

Bengel, J., Meinders-Lücking, F. & Rottmann, N. (2009), Schutzfaktoren bei Kindern und Jugendlichen. Stand der Forschung zu psychosozialen Schutzfaktoren für Gesundheit. Forschung und Praxis der Gesundheitsförderung (Bd. 35). Köln.

Brieger, P., Marneros, A., Jäger, M. (2017), Schizoaffektive Störungen, akute vorübergehende psychotische Störungen und wahnhafte Störungen. In: Möller, H.-J., Laux, G., Kapfhammer, H.-P., Psychiatrie, Psychosomatik, Psychotherapie (5. Auflage), Heidelberg.

Faller H., Reusch A. & Vogel H. (2016), Förderung und Erhaltung von Gesundheit: Prävention. In: HRSG!!!! Medizinische Psychologie und Soziologie (4. Aufl.), Heidelberg.

Geue K., Strauß B. & Brähler E. (Hrsg.) (2016). Diagnostische Verfahren in der Psychotherapie (3. Aufl.). Hogrefe Verlag GmbH & Co. KG: Göttingen.

Grulke, N. (2013), Warum sind manche trotz desaströser Verhältnisse gesund? Verbreitung und Gründe von psychischen Störungen bei Kindern und Jugendlichen. In: P. M. Thomas, & M. Calmbach (Hrsg.), Jugendliche Lebenswelten. Perspektiven für Politik, Pädagogik und Gesellschaft, Berlin.

Huppert, R., Kienzle, N. (2010), Schizophrenie, Göttingen.

Janssen P. L. & Sachs G. (2018). Psychodynamische Gruppenpsychotherapie Theorie, Setting und Praxis. Schattauer, Klett-Cotta, J. G. Cotta'sche Buchhandlung Nachfolger GmbH: Stuttgart.

Klauer, T. (2009), Soziale Unterstützung. In: Bengel, J., Jerusalem, M. (Hrsg.), Handbuch der Gesundheitspsychologie und Medizinischen Psychologie, Göttingen.

Knoll, N., Schwarzer, R. (2005), Soziale Unterstützung. In: R. Schwarzer (Hrsg.), Enzyklopädie der Psychologie, Göttingen.

La Marca, R. (2016), Messmethoden der Verhaltensmedizin. In: Ehlert, U. (Hrsg.), Verhaltensmedizin (2. Aufl.), Heidelberg.

Petermann, F., Maercker, A., Lutz, W., Stangier, U. (2011), Klinische Psychologie – Grundlagen, Göttingen.

Pinquart, M. (2011), Soziale Bedingungen psychischer Störungen. In: Wittchen, H.-U., Hoyer, J., Klinische Psychologie & Psychotherapie (2. Auflage), Heidelberg.

Rolfe M. (2019) Positive Psychologie und organisationale Resilienz. Stürmische Zeiten besser meistern, Berlin.

Ziegler, M., Lincoln, T. M. (2012), Schizophrenie. In: Berking, M., Rief, W., Klinische Psychologie und Psychotherapie für Bachelor, Heidelberg.

Internetquellen

Hermann, C. (2020), soziale Unterstützung. In: Wirtz, M. A. (Hrsg.), Dorsch Lexikon der Psychologie, https://dorsch.hogrefe.com/stichwort/soziale-unterstuetzung, https://refubium.fu-berlin.de/bitstream/handle/fub188/11635/0_Dissertation_kai_baumann.pdf?sequence=1&isAllowed=y, abgerufen am 04.11.20.

Berking, M. (2012), Ursachen psychischer Störungen. In: Berking, M. & Rief, W. (Hrsg.), Klinische Psychologie und Psychotherapie, https://link.springer.com/chapter/10.1007/978-3-642-16974-8_3, abgerufen am 04.11.20.

Cohen, S., Wills, T. A. (1985), Stress, Social Support, and the Buffering Hypothesis, https://www.researchgate.net/publication/19261005_Stress_Social_Support_and_the_Buffering_Hypothesis, abgerufen am 21.09.20.

Egger, J. (2005), Psychologische Medizin: Das biopsychosoziale Krankheitsmodell, Grundzüge eines wissenschaftlich begründeten ganzheitlichen Verständnisses von Krankheit, httpp://www.draloisdengg.at/bilder/pdf/EggerJosefWilhelm_ErweitertesbpsModell.pdf, abgerufen am 27.10.20

Kienle R., Knoll N., Renneberg B. (2006), Soziale Ressourcen und Gesundheit: soziale Unterstützung und dyadisches Bewältigen, https://doi.org/10.1007/978-3-540-47632-0_7, abgerufen am 23.10.20.

Maß, R., Stieglitz, R.-D. (2017), Diagnostik bei Schizophrenie. In: Jänicke, L. (Hrsg.), Zeitschrift für Psychiatrie, Psychologie und Psychotherapie, https://doi.org/10.1024/1661-4747/a000307, abgerufen am 07.11.20.

Schwarzer, R., Schulz, U. (2003), Die Berliner Social Support Skalen (BSSS), h t t p : / / c i t e s e e r x . i s t . p s u . e d u / v i e w d o c / d o w n l o a d ? doi=10.1.1.513.4370&rep=rep1&type=pdf, abgerufen am 21.10.20.

Beelmann, A. (2012), Risiko- und Schutzfaktoren in der sozialen Entwicklung von Kindern und Jugendlichen und ihre Bedeutung für die lckale Bedarfsplanung, http://www.fsrpsychologie.uni-jena.de/fsr_psychologiemᴣdia/ Skripte/Bachelor/Intervention/Intervention+WS+2010_11.pdf, abgerufen am 03.11.20.

Meyer, R. (2013), Traumatische Kindheitserlebnisse: Wie Misshandlungen auf das Erbgut einwirken, https://www.aerzteblatt.de/archiv/135413/Traumatische-Kindheitserlebnisse-Wie-Misshandlungen-auf-das-Erbgut-einwirken, abgerufen am 03.11.20.

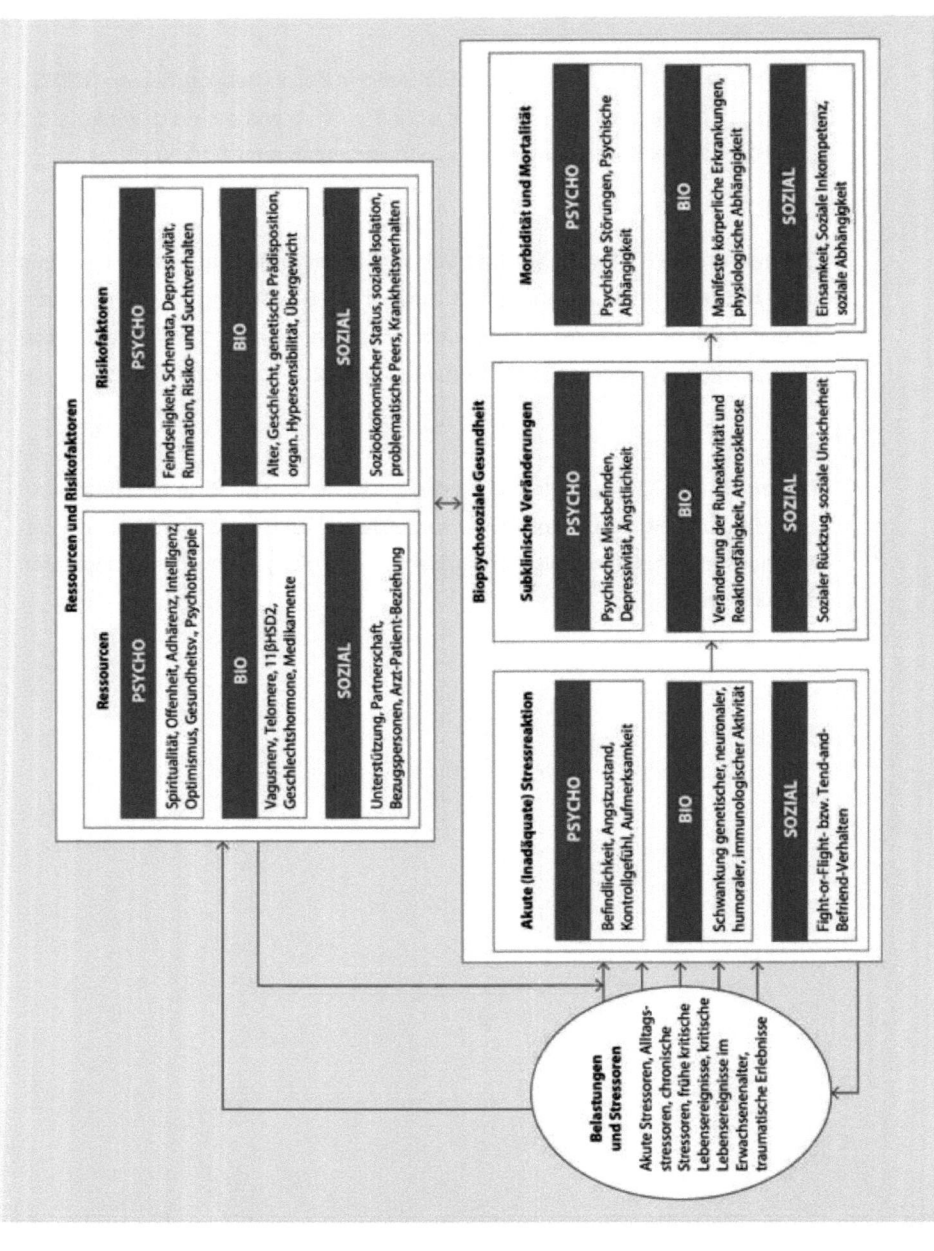

Abbildung 1: Bio-psycho-soziale Funktionsmodell von Gesundheit.
(Quelle: Vgl. La Marca, (2016), S. 66.)

26